Asombrosos anir

ABEJAS

Bray Jacobson
Traducido por Diana Osorio

Gareth Stevens
PUBLISHING

Please visit our website, www.garethstevens.com. For a free color catalog of all our high-quality books, call toll free 1-800-542-2595 or fax 1-877-542-2596.

Library of Congress Cataloging-in-Publication Data

Names: Jacobson, Bray, author.
Title: Abejas / Bray Jacobson.
Description: New York : Gareth Stevens Publishing, [2022] | Series: Asombrosos animalitos | Includes index.
Identifiers: LCCN 2020006216 | ISBN 9781538269053 (paperback) | ISBN 9781538269060 (6 Pack) | ISBN 9781538269077 (library binding) | ISBN 9781538269084 (ebook)
Subjects: LCSH: Bees–Juvenile literature.
Classification: LCC QL565.2 .J34 2022 | DDC 595.79/9–dc23
LC record available at https://lccn.loc.gov/2020006216

First Edition

Published in 2022 by
Gareth Stevens Publishing
111 East 14th Street, Suite 349
New York, NY 10003

Copyright © 2022 Gareth Stevens Publishing

Translator: Diana Osorio
Editor, Spanish: Rossana Zúñiga
Designer: Katelyn E. Reynolds

Photo credits: Cover, p. 1 © Jackie Bale/ Moment / Getty Images Plus; p. 5 Andreas Häuslbetz/ iStock / Getty Images Plus; p. 7 Photos by By Deb Alperin/ Moment / Getty Images Plus; pp. 9, 24 (stinger) dimarik/ iStock / Getty Images Plus; p. 11 Frank Bienewald/LightRocket via Getty Images; pp. 13, 24 (nest) Kirill Kukhmar/TASS/Getty Images; p. 15 Valentin Rivoalland / EyeEm/Getty Images; p. 17 © Philippe LEJEANVRE/ Moment/Getty Images; pp. 19, 24 (eggs) Kosolovskyy/ iStock / Getty Images Plus; p. 21 Andrea Innocenti/ REDA&CO/Universal Images Group via Getty Images; p. 23 Francis Fu / EyeEm/Getty Images.

Printed in the United States of America

Some of the images in this book illustrate individuals who are models. The depictions do not imply actual situations or events.

CPSIA compliance information: Batch #CSGS22: For further information contact Gareth Stevens, New York, New York at 1-800-542-2595.

Find us on

Contenido

Las abejas están por todos lados.

Son negras con amarillo
o marrón.

Las hembras tienen
un aguijón.

Algunas abejas viven
en familia.
Los grupos grandes
se llaman colonias.

Viven en nidos.
Los nidos pueden ser
grietas o huecos.

Las obreras puede que construyan el nido. También cuidan de las abejas jóvenes.

Ellas buscan comida.
Comen de las plantas.

La Reina pone huevos.

Existen muchos tipos de abejas.

¡Las abejas melíferas producen miel!

23

Palabras que debes aprender

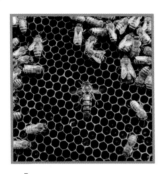

huevos

nido

aguijón

Índice